L 27 n
29446

DISCOURS

PRONONCÉ AUX FUNÉRAILLES

DE

M. JULIEN JEANNEL

Professeur de Littérature étrangère à la Faculté des Lettres de Montpellier,

LE 20 AOUT 1876

PAR

M. BOUTROUX

PROFESSEUR DE PHILOSOPHIE A LA MÊME FACULTÉ.

MONTPELLIER

JEAN MARTEL AÎNÉ, IMPRIMEUR DE LA FACULTÉ DES LETTRES
rue de la Blanquerie 5, près de la Préfecture.

1876

Messieurs,

Je viens, au nom du haut enseignement de Montpellier, et en particulier au nom de la Faculté des Lettres, déposer sur la tombe de M. Charles-Julien Jeannel les hommages et les regrets de ses affectionnés collègues. Si plusieurs d'entre nous manquent à cette triste cérémonie, c'est qu'ils sont en ce moment loin de Montpellier ; mais leur cœur, croyez-le bien, ne fait qu'un avec le nôtre pour ressentir le cruel malheur qui nous rassemble aujourd'hui. La mort, hélas ! vient de nous ravir notre ami, à l'heure même où nous commencions de le posséder définitivement ; et cette précieuse couronne, ardemment désirée, que lui et moi nous avions eu le bonheur de conquérir ensemble, je viens aujourd'hui la déposer sur sa dépouille mortelle.

Permettez-nous, père et mère, frappés en ce jour du coup le plus redoutable dont la mystérieuse Providence puisse éprouver le cœur de l'homme ; épouse désormais privée de votre ami et de votre soutien, alors qu'une nombreuse famille à élever vous le rendait doublement indispensable ; frères et sœurs qui avez rivalisé de dévoûment pour soigner votre cher malade, et qui pleurez aujourd'hui tant d'efforts impuissants, tant de prières non exaucées ; permettez-nous d'associer, de bien loin sans doute, notre douleur à la vôtre, et, en adressant un dernier adieu à notre cher collègue, de fixer dans la mémoire de ses amis les principaux traits de sa trop courte existence.

Charles-Julien Jeannel est né à Poitiers, le 30 mars 1840. Quelle éducation il reçut, avec quel soin et quel succès furent cultivés dans sa jeune âme le respect et l'amour de ses parents, le sentiment de la famille, l'attachement aux idées dont elle s'honore, c'est ce dont notre ami lui-même a donné le plus touchant témoignage, en écrivant, au début de sa thèse, à l'âge de vingt-sept ans : « Mon cher père, véritablement ce livre vous appartient. A défaut d'autres qualités, vous y trouverez votre esprit ; et je serai heureux si vous ne jugez pas indigne de vous ce premier essai de votre fils aîné. »

Un précoce talent, non moins dû à la direction paternelle qu'à d'heureuses facultés, conduisit Jeannel à l'École Normale supérieure, section des Lettres, dès l'âge de dix-huit ans (31 octobre 1858). Il s'y fit remarquer par sa facilité à tout comprendre, par son sens littéraire et par le tour spirituel de son intelligence.

En sortant de l'École Normale, il fut chargé de la classe de cinquième au lycée de Rennes (27 septembre 1861). Il professa ensuite la troisième au lycée de Napoléon-Vendée, au lycée d'Agen et au lycée de Marseille; puis (1er octobre 1867) la rhétorique au lycée de Carcassonne. Partout où il a passé, il a charmé les élèves par son esprit et son enjouement, en même temps qu'il déposait dans leurs intelligences les semences de l'instruction et du goût des belles-lettres.

Cependant il avait, le 20 septembre 1864, conquis ce titre d'agrégé, le plus difficile à gagner, le plus honorable peut-être de tous les grades universitaires. Jeannel fut reçu à l'agrégation, à l'époque où cet examen était unique pour toutes les branches des études littéraires.

Puis, le 27 décembre 1867, dès l'âge de vingt-sept ans, il obtenait le grade qui consacre définitivement la valeur de l'humaniste comme érudit et comme écrivain, en présentant à la Faculté des Lettres de Paris et soutenant devant elle avec succès des thèses de doctorat. La thèse latine roulait sur *l'Origine et la sanction des devoirs selon Cicéron*, et montrait combien est insuffisante l'observation pure et simple de la nature humaine, sans le recours aux idées religieuses, pour fournir la notion d'une loi morale, solide et efficace. La thèse française, sur *la Morale de Molière*, faisait ressortir, avec la vivacité de langage propre à un plaidoyer, les dangers que peut présenter le théâtre du grand comique, offert à des esprits mal préparés pour le comprendre. Il m'a été donné d'assister à la soutenance, et j'ai encore présente à l'esprit la facilité, la chaleur et l'énergie avec laquelle le candidat défendait ses idées contre la savante opposition des juges qui tenaient son sort entre leurs mains.

Le jeune docteur fut sans retard admis dans les Facultés. Dès la rentrée de l'année suivante (1er octobre 1868, il était chargé du cours de littérature étrangère à la Faculté des Lettres de Grenoble. Il fut ensuite (7 décembre 1868) suppléant du professeur de littérature française à la Faculté des Lettres de Dijon; puis (17 juin 1871) chargé du cours de littérature étrangère à la même Faculté. L'année suivante (9 janvier 1872), il rentra, comme chargé du cours de littérature étrangère, à la Faculté des Lettres de Grenoble; et les sympathies qu'il avait su gagner dans cette ville parmi les lettrés et les savants lui valurent bientôt les titres de membre de l'Académie delphinale (19 avril 1872) et d'associé correspondant de l'Académie du Gard (23 novembre 1872).

Il entra enfin, le 25 septembre 1874, dans notre Faculté, où l'attiraient et le renom scientifique de Montpellier, et le désir toujours persistant de se retrouver parmi les siens. Il n'avait plus qu'une étape à franchir pour voir tous ses vœux comblés; et le temps allait, de lui-même, lui apporter ce titre de professeur, gage de sécurité pour le père qui songeait à ses trois jeunes enfants; gage de fixité pour le fils, qui appréciait plus que jamais les douceurs de la tendresse paternelle et maternelle. Hélas! le temps minait aussi son existence, et le même mois, presque le même jour, devait apporter à ses proches le décret de sa nomination et la nouvelle de sa mort [1] !

L'entrée de Jeannel à la Faculté des Lettres de Montpellier était pour celle-ci une précieuse acquisition. Son éducation toute classique et la variété de ses connaissances lui permettaient de donner à son cours de littérature étrangère autant de solidité que d'agrément; et sa parole facile et pittoresque s'insinuait aisément dans l'esprit des auditeurs sans leur imposer aucune fatigue. Le théâtre de Shakspeare et le théâtre allemand ont formé l'objet de ses cours. Il animait ces matières par de vivantes analyses et des rapprochements ingénieux; il joignait les jugements aux expositions, et saisissait avec ardeur toutes les occasions de proclamer hautement les qualités du génie français.

Nous avons trouvé en lui un collègue affectueux, toujours prêt à rendre service, et voyant dans les rapports professionnels, non un simple rapprochement fortuit, mais un lien de sympathie et d'amitié.

Les loisirs qu'une position définitive allaient lui assurer n'auraient certainement pas été perdus pour

---

[1] 1er août et 17 août 1876.

l'érudition et pour les lettres. Dans ses nombreuses résidences, on l'avait vu très-soucieux de travailler et de produire.

De 1865 à 1868 il avait publié, avec introductions et notes, les *Chants III, IV et VI de l'Odyssée*. En 1868, il exposa, dans une étude publiée par le Correspondant, le *Rapport du traité des devoirs de Cicéron avec ce qu'on appelle aujourd'hui la « Morale indépendante »*. Puis il publia des études sur *l'Utilité d'introduire les traductions dans les classes* (1868); sur *la Langue et l'Esprit* (1868); sur *la Raison et le Rire* (1869); sur *Descartes et la Princesse Palatine* (1869); sur *le Dîner d'Harpagon*, dont il avait fait l'objet d'une lecture à la Sorbonne (1870); sur *Jean-Jacques Rousseau* (1870); sur *la Morale de Plaute dans le Rudens*, objet de son discours de réception à l'Académie delphinale (1874); sur *les Qualités des races latines* (1875), objet de son premier discours d'ouverture à la Faculté des Lettres de Montpellier. Joignez à cela des impressions de voyage vivement et spirituellement présentées, sous les titres : *De Toulouse aux Eaux-Bonnes* (1868), et *De Dijon à Brême* (1871).

Ces diverses œuvres portent l'empreinte d'un esprit heureusement doué, qui donne à des connaissances variées un tour agréable, et aux grâces de la littérature un fond sérieux. Elles sont dominées par le sentiment de la faiblesse intellectuelle et morale où se condamne l'esprit humain quand il se prive des divins secours que lui offre le christianisme ; et elles respirent, avec l'amour des lettres, le souci de la vie pratique et la fierté nationale.

Or, Messieurs, les mérites que je viens de vous indiquer ne sont certes pas, chez un homme de trente-six ans, le point d'arrivée, mais le point de départ. Ce sont les promesses qu'il donnait à ses parents et à ses amis, et dont les années devaient désormais apporter, une à une, la complète réalisation. Vaine espérance ! vaine attente ! Un mal incurable est venu avant l'heure fermer ses lèvres et glacer sa poitrine. Et les circonstances de cette mort sont telles, que plus nous les examinons et moins il nous est possible, au point de vue humain, d'y découvrir un sujet quelconque de consolation.

Nous n'essaierons donc point de distraire votre douleur, parents si justement consternés ; nous vous demandons même pardon d'avoir ainsi reporté votre pensée sur des temps meilleurs, au risque de vous faire sentir plus cruellement encore, s'il était possible, l'amertume de l'heure présente.

Daignez seulement agréer cette faible esquisse, si inférieure qu'elle soit à l'éloge que vous étiez en droit d'attendre, comme le témoignage du profond et cher souvenir que laisse Charles-Julien Jeannel dans l'âme de ses collègues de l'enseignement supérieur, et en particulier de la Faculté des Lettres.

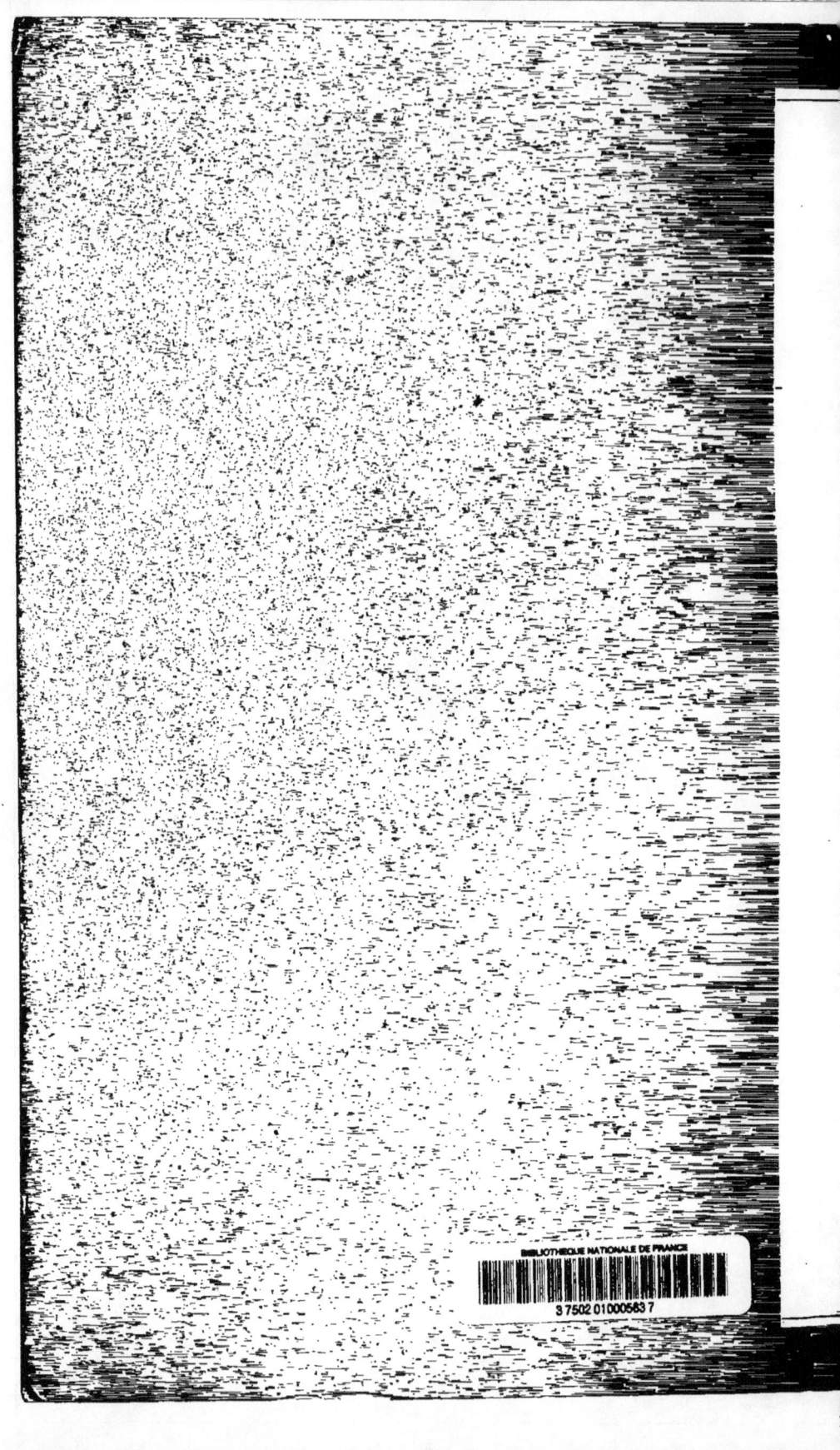

www.ingramcontent.com/pod-product-compliance
Lightning Source LLC
Chambersburg PA
CBHW071424060426
42450CB00009BA/1993